AF246777

QUI VEUT SAVOIR

L'ACCUEIL HOSPITALIER ET LOYAL

QUE MM.

RABAUD-LARIBIÈRE

LAVERTUJON ET GOUNOUILHOU

ÉCRIVAINS LIBÉRAUX DU JOURNAL LIBÉRAL *LA GIRONDE*

FONT AUX CHERCHEURS DU PROGRÈS

ET COMMENT ILS ENTENDENT LE DROIT

À LA RÉPLIQUE

Par l'auteur de la **POMONE DÉLIVRÉE**

DEUXIÈME TIRAGE

Prix : 20 cent. **30 cent.** par la Poste.

ANGOULÊME

IMPRIMERIE DE LA CHARENTE QUÉLIN FRÈRES

20, RUE DU MINAGE, 20

1866

Se trouve dans les librairies de la Gironde et de la Charente.

QUELQUES MOTS D'EXPLICATIONS

SUR LA POSITION QUE M'ONT FAITE MM.

BABAUD-LARIBIÈRE

LAVERTUJON ET GOUNOUILHOU

J'avais publié, vers la fin d'octobre dernier (1865), une méthode nouvelle d'arboriculture fruitière-ornementale.

Ainsi que je l'avais fait pour un certain nombre de mes connaissances, j'avais cru devoir en adresser un exemplaire à M. Babaud-Laribière, mon ancien collègue au Conseil général de la Charente.

Le hasard voulut que peu de temps après, le 14 décembre suivant, je le rencontrasse à Angoulême; je ne l'avais pas revu depuis 1848 ou 1849; il fut le premier à me reconnaître et à venir à moi. — « Je vous remercie, me dit-il, de votre livre sur l'arboriculture fruitière que vous avez bien voulu m'adresser; je ne l'ai point lu encore, mais on m'en a parlé; il paraît que c'est toute une méthode nouvelle que vous avez trouvée. » — C'est vrai, répondis-je, et je me suis même passionné pour cela, au point de commettre un livre; c'est fâcheux pour moi, mais je n'avais pas d'autre moyen de vulgariser ma découverte, car elle n'a pas eu la chance d'attirer l'attention des commissions agricoles, préoccupées de choses plus sérieuses, ni d'obtenir la faveur des journaux voisins, qui ont refusé d'insérer les diverses communications que j'ai tenté de leur faire à ce sujet. — « *Oh! j'en parlerai dans la* GIRONDE, reprit-il, *on fait là-bas à peu près tout ce que je veux.* » — Si vous avez cette obligeance, dis-je à mon tour, ne vous occupez que de la partie scientifique, la seule à laquelle je tienne essentiellement, et non de la forme défectueuse sous laquelle je l'ai exposée ni des frivolités dont je me suis passé la fantaisie de l'enrober. — « Évidemment, reprit-il ; » et nous nous séparâmes en échangeant une poignée de main.

Les abonnés de la *Gironde* ont pu juger, par l'article que ce monsieur m'a consacré dans sa XXXIIIe *Lettre Charentaise,* publiée dans le numéro du 3 avril suivant de la feuille bordelaise, quel était le degré de sincérité de l'offre officieuse et toute spontanée qu'il me faisait ; bien d'autres encore ont pu et pourront en juger, car le numéro en question a été répandu, par le soin et sans doute aux frais de M. Babaud, dans les moindres bourgades de la Charente. Et comme il faut que rien ne puisse se perdre de ce qui découle de cette *scéleste plume,* et que chaque mot, chaque phrase soient religieusement conservés à la postérité, de même que les oracles de la Sybille, espérons que nous ne tarderons pas à voir paraître en volume ce qu'on a déjà pu lire en article de journal. Voici du reste, pour ceux qui ne lisent pas la *Gironde* ou qui ne voudraient pas enrichir leur bibliothèque des œuvres choisies de M. Babaud, le compte-rendu qu'il faisait de notre méthode d'arboriculture, dans sa XXXIIIe *Lettre Charentaise,* datée de Villechaise. le 23 février, c'est à dire deux mois environ après notre entrevue :

« *Je dois bien aussi parler* (c'est moi qui souligne) de la
« *Pomone délivrée,* par M. le docteur Veyret, de Montembœuf,
« livre étrange, spirituel, fantasque, poétique et bizarre, dans
« lequel, sous prétexte d'une *méthode nouvelle d'arboriculture*
« *fruitière-ornementale,* l'auteur se livre à toute sorte d'élucu-
« brations scientifico-fantaisistes. C'est un ouvrage mal conçu,

« sans méthode, souvent obscur et mal écrit, et pourtant sa
« lecture vous attache, et l'on ne peut guère s'en détacher
« une fois qu'on y a mis les yeux. Beaucoup de passages
« vous impatientent, mais plusieurs autres vous retiennent ;
« c'est un mélange de pensées quintessenciées à l'excès et de
« pages d'un charmant naturel. Une poésie bien sentie, bien
« vraie, s'y mêle au pathos et à l'amphigouri. Il y a des petits
« tableaux champêtres, des descriptions naïves que Bernardin
« de Saint-Pierre ne désavouerait pas. On sent que l'auteur est
« un homme de la nature, primitif, naïf, beau, sincère, mais
« aussi rude parfois, anguleux même, sans apprêt, tout d'un
« jet, une sorte de philosophe sentimental de la fin du XVIIIe
« siècle. Il a toute la sauvagerie et tout l'enthousiasme de
« l'école de Rousseau. Il nous attendrit sur un nid de fau-
« vettes, et il nous émeut au récit enthousiaste de l'héroïsme
« de son père et de ses oncles courant à la frontière pour
« défendre la patrie en danger. Ce volume n'indique pas un
« bon écrivain, dans l'acception littéraire du mot, mais il
« révèle à chaque page un bon citoyen. Ame tendre sous une
« rude écorce, courage stoïque dans une condition modeste,
« ami des petits et des faibles, des enfants, des oiseaux et des
« pauvres, nature poétique et généreuse, voilà l'homme qu'on
« découvre dans ce petit livre ! — Maintenant, que sa méthode
« d'arboriculture soit bonne ou mauvaise, je n'y connais rien ;
« que son livre soit mal fait, qu'importe ?... Les arbres fleu-
« riront bien sans lui, et assez d'autres apprendront l'art de
« faire des livres bien conçus. Mais ce qui lui reste ne vaut-il
« pas mieux, et la bonté du cœur n'est-ce pas l'essentiel ?
« J'ai connu le docteur Veyret en 1848, au Conseil général
« de la Charente, et je ne l'ai pas revu depuis (1). Alors,

---

(1) Pourquoi M. Babaud, après notre entrevue de décembre dernier, vient-il
raconter, sans nulle nécessité apparente, qu'il ne m'a pas revu depuis 1848 ?...
C'est son secret, mais cela doit avoir un but : M. Babaud n'est point homme
naïf ; tout est prévu chez lui, calculé, prémédité ; qu'il fasse des portraits, des
études ou de la critique, ce n'est point pour jeter la lumière sur le sujet qu'il

« j'aimais ses opinions franches, généreuses, toujours au service
« des opprimés. La lecture de son livre m'a bien délicieuse-
« ment ému, car j'y ai retrouvé toutes les qualités prime-
« sautières, toute l'originalité séduisante d'autrefois. Malgré
« les années et les malheurs accumulés sur sa tête, c'est bien
« toujours le poète inculte et l'honnête philosophe de la pre-
« mière heure (1). »

---

traite, c'est pour attirer l'intérêt sur la manière dont il écrit, et quand il avance *une contre vérité*, on peut être assuré, bien qu'on ne puisse pas comprendre comment, que cela dans son esprit importe à quelque chose, sans doute pour donner de la valeur à ce qu'il va dire.

(1) « Fameux!... la *Pomone* est une brave femme, on sait ça!... c'est égal, lorsqu'on donne des renseignements sur une cuisinière, ce n'est pas un mal de dire comment elle attrape ses sauces, et puisque la *Pomone* est jardinière, je n'aurais pas été fâché de connaître un peu sa méthode d'arboriculture. Quant au reproche que vous lui flanquez, *Lettres Charentaises* que vous êtes, de ne pas savoir faire les livres, elle aurait bien le même droit de vous le reflanquer de ne pas savoir conduire les arbres et de faire des livres inutiles (à chacun son métier), et elle ne l'a pas fait. Bon! je dirai que c'est *les Charentaises* qu'a commencé. »

Cela était annoté au crayon en regard de l'article de M. Babaud, en marge d'un numéro de la *Gironde* du 3 avril, que j'ai vu dans un village, chez un vieux paysan qui s'en faisait faire la lecture par sa petite-fille, et était signé : « Gavroche. » Un peu plus haut, vis à vis le passage où M. Babaud dit que ma méthode d'arboriculture soit bonne ou mauvaise, qu'il n'y connaît rien et que cela importe peu, il y avait encore sous la même signature cette autre annotation : « touché, ça!!! il y en a qui auraient dit : *Sa méthode est-elle bonne ou mauvaise? Qu'on la lise, et si elle est bonne qu'on en fasse profit.* Mais les Charentaises : « *Je n'y connais rien!* (c'est plus sec) *Qu'importe du reste!* » ce qui veut dire : « *Qué que ça fait, après tout? elle est peut-être bonne, eh bien! ne la lisez pas!* (c'est plus encourageant). *Lisez les administratives et les Charentaises, c'est ça qui est conçu et tapé!* (modestement). *C'est nous qui l'avons fait!* » Et puis : « *Les arbres fleuriront bien sans elle!* » Oh! pour ça, c'est joliment ondulé! Mais c'est à n'y pas croire, nom d'un éléphant! Signé : « Gavroche. »

Enfin plus haut, en regard des lignes où M. Babaud dit que c'est *sous prétexte* de l'arboriculture que j'ai écrit mon livre pour m'y *livrer* à toute espèce d'élucubrations, se trouvait cette autre remarque du même annotateur : « Tiens, tiens!... c'est justement les mêmes choses que j'ai lues dans une lettre qui était tombée de la poche d'un petit campagnard à lunettes, et qui était adressée à la *Pomone* par une personne qui écrit très poliment, ma foi, et qui signe : *cardinal, archevêque, sénateur.....* D'abord, il y avait une foule de jolies choses bien flatteuses pour la *Pomone* au sujet des petits oiseaux, dont elle est comme qui dirait la patronne; ensuite on lisait : « *Mais ces services rendus à mes petits protégés* (c'est des oiseaux que la personne voulait parler) *ne me font point perdre de vue l'objet principal de votre livre, c'est à dire l'arboriculture fruitière, etc., etc ...*» Et ici encore, un plein sac de choses élogieuses pour la bonne volonté, le courage et les efforts de la *Pomone* à affronter tous les obstacles, et ça finissait en disant : « *Que l'ardeur persévérante d'un honnête homme dans sa résolution, affirme sa conviction, et que la conviction d'un honnête homme mérite toujours sympathie et encouragement de la part des gens de*

Suivent d'autres appréciations sur divers écrivains, et le tout signé L. Babaud-Laribière. — Villechaise, 23 février 1866.

Sans contester les priviléges de la critique en général ni décliner en particulier la juste sévérité de son jugement dans ce cas, au sujet de la partie artistique et littéraire de mon livre, sévérité contre laquelle je reconnaissais n'avoir ni droit ni raison de protester, dès le même jour 4 avril, je crus devoir demander, par voie gracieuse, au journal la *Gironde*, l'insertion d'une petite réponse qui avait pour but : 1º De faire comprendre à M. Babaud (de lui à moi) le peu de sincérité qu'il y avait eu dans l'offre officieuse et spontanée qu'il m'avait faite, et le défaut de loyauté qu'il avait mis à tenir l'engagement pris par lui ; 2º de faire ressortir le manque d'équité et de courtoisie qu'il y a, de la part d'un critique, à ne saisir dans une œuvre scientifique avant tout et de principes, que la partie littéraire ou artistique, c'est à dire la forme, si défectueuse qu'elle soit, sous laquelle le fond de la science a été présenté, afin de laisser induire par là que l'imperfection de l'une implique indubitablement la non-valeur de l'autre, et d'amener nécessairement ainsi le détournement de l'attention publique du fond de l'ouvrage. Et je donnais à entendre que cette manière de faire, blâmable en soi, empruntait un caractère tout particulier de gravité à ces circonstances : que, d'une part, l'œuvre indiquée comme digne d'oubli, fût de celles dont le fond est annoncé comme contenant une découverte, un progrès (ce qui peut être réellement vrai quelquefois, en fin de compte), et que, d'autre part, le promoteur à l'oubli fût lui-même un homme se posant toujours et partout comme champion du progrès, et dans ce cas particulier, se donnât presque comme ami de l'auteur critiqué ; 3º ma réponse avait

---

bien » et l'on terminait en faisant des vœux pour le triomphe de la Pomone. — Vous voyez bien que c'est exactement la même chose que ce que disent les *Lettres Charentaises !* excepté que c'est tout le contraire. C'est égal, si j'étais la *Pomone*, je préférerais l'*autre* aux *Charentaises,* ça sent davantage la bienveillance, et c'est plus encourageant. « Gavroche. »   (Note de l'auteur.)

surtout pour but de m'inscrire contre cette prétention exagérée et erronée de la critique, qui la porterait à s'arroger le droit de faire tomber sous ses appréciations, en même temps que l'œuvre d'un auteur, sa personne même, sa vie privée et publique, fût-ce même à titre élogieux.

Cette réponse, toute spontanée et d'improvisation, ne dépassait, bien qu'un peu vive, ni les convenances ni les bornes d'une juste et légitime défense.

On me fit savoir, le 7 suivant, non par la voie du journal, mais par lettre privée, qu'on ne pouvait l'insérer, *vu sa longueur* (elle avait à peu près un tiers de plus que l'article auquel je répondais), *qu'au surplus j'avais tort de vouloir répondre à quelques mots tout bienveillants pour moi.*

Me sentant le meilleur et le seul juge de cette *bienveillance* et voyant qu'à la *Gironde* on ne se croyait pas tenu, envers moi, aux procédés de courtoisie qui, à défaut même de l'équité, devraient faire un devoir d'accepter la défense quand on a accueilli l'attaque, je m'en pris à mon droit; je refis ma lettre un peu allongée, cette fois, et je l'envoyai, en date du 7, à un huissier chargé d'en requérir l'insertion, en offrant de payer à deniers comptants le surplus de l'étendue à laquelle j'avais droit.

La voici telle qu'elle a dû être libellée sur papier timbré, à l'exception d'un mot qui a été remplacé comme inintelligible :

Montembœuf, 7 avril 1866.

CHER MONSIEUR BABAUD.

J'avais répondu, en date du 4 courant, aux quelques mots que vous aviez daigné glisser à mon adresse dans votre XXXIIIe *Lettre Charentaise* (journal la *Gironde*, 3 avril) au sujet du petit livre d'arboriculture fruitière-ornementale que je viens de publier sous le titre de : *Ne taillez pas vos arbres* ou *la Pomone délivrée*. On m'a refusé l'insertion de ma réponse sous prétexte de sa longueur, mais bien plutôt, je crois, parce qu'on l'a trouvée mal écrite. Décidément, je dois mourir du mal de *mal écrire;* c'est une maladie incurable chez moi, n'en parlons plus. Mais il y a par là, dans votre lettre, un faible à défendre, une erreur à combattre, un tort à redresser, j'insiste; et puisque l'on me fait savoir que l'on ne peut causer avec vous qu'avec du papier timbré, je réédite ma lettre en me conformant au règlement du château. Cela me contrarie bien un peu d'être obligé de noircir à nouveau quelques feuilles de papier, vu que le proverbe : *en forgeant l'on devient forgeron,* étant vrai, je manie bien plus dextrément la bêche que la plume; mais j'ai la chance de pouvoir mettre à contribution la bonne volonté d'un petit séminariste en vacances de Pâques, qui a une véritable petite main d'huissier, comme vous pourrez vous en assurer, et celui de Bordeaux n'aura qu'à mettre les *attendus.* Ce n'est pas du pathos, cela, hein!... Je vous disais donc, dans la susdite du 4 :

« Permettez-moi d'abord de vous remercier des choses honnêtes que vous dites de mon honnêteté, dont vous avez l'obligeance de vous porter garant.

« Je suis complétement d'accord avec vous sur les propriétés de ma littérature, et j'admets parfaitement la possibilité de l'impression agacée que vous paraissez en avoir ressentie, mais je regrette que l'impatience qui vous a gagné, en jetant les yeux dessus, vous ait fait prendre le livre par la fin; ce qui s'appelle, je crois, en grand langage : *attaquer le taureau par la queue.* Aussi, verrez-vous qu'il vous aura échappé; vous n'aviez saisi que le poil de la bête, elle l'a laissé entre vos mains! voilà tout.....

« Si, au lieu de vous en prendre aux talons des souliers et à la misérable défroque de la *Pomone délivrée,* vous l'aviez envisagée de face, en commençant par le commencement, vous y auriez vu et lu que l'arboriculture n'en est point le *prétexte,* mais bien le but, le fond, le vrai fond; et que, de cette enluminure à grosses couleurs, ou de mes élucubrations amphigouriques, si vous aimez mieux, dont je me suis passé la fantaisie de l'enrober (ce qui, j'en conviens, lui donne un peu l'air de finir en queue de poisson), que de tout ce bariolage macédonien (dont je maintiens le fond pourtant *quand et quand*), je faisais aussi bon marché que vous-même en disiez tout au commencement : *Je sais bien que des gens trouveront ce livre extravagant, niais, ridicule; ce sont les gens sérieux et positifs;* il est vrai que j'ajoutais cette réserve : *Les gens sérieux selon la définition de M. Alphonse Karr.*

« Aussi, n'ai-je été ni surpris ni peiné en lisant dans le journal le jugement aigu et sidérant en question; seulement, je l'avoue, j'étais un peu intrigué, et il me tardait d'être arrivé à la fin de la colonne pour savoir qui l'avait signé. C'était vous!... C'était vous, cher monsieur, qui veniez d'immoler la pauvre bête!...

> « Vous ne remportiez pas une grande victoire,
> « Seigneur ! »

« Il est vrai que vous y aviez mis de l'humanité, et qu'avant de l'abattre vous aviez jeté dessous un peu de paille.

« Pour prouver qu'elle devait mourir, vous l'avez fait vieillir d'un siècle et vivre côte à côte de géants, qui se trouveront sans doute bien scandalisés de se rencontrer en pareille compagnie; c'est là encore, je crois, ce qui s'appelle, en grand langage : « *Couronner la victime avant,* etc..... » Puis, tout d'un coup, vous retirez la planche, et crac, de la pauvre bête il ne reste plus rien... qu'un *de profundis* et quelques consolations bien senties pour le *malheureux* père qui a eu l'honneur d'être connu de vous.

« L'enfant méritait-il de vivre? Vous répondez tout sec : *Je n'y connais rien.* » Comment, comment! vous n'y connaissez rien! vous ne connaissez pas quand une chose a du bon sens! vous ne savez pas distinguer quand elle a pour elle la raison, la logique en théorie, et pour garantie en pratique, l'honnêteté de celui qui l'affirme!... Excès, excès tout momentané de modestie à vous, cher monsieur, si ce n'est autre chose! Oh! que nenni, que nenni, il n'est pas vrai que vous n'y connaissiez rien! On est naïf sans doute, et l'on n'en rougit pas, mais on a beau être naïf (naïf, je crois, en langue non naïve, signifie rond?). Oui, n'est-ce pas? Je m'en doutais. Or, le rond n'est parfait qu'en théorie; dans l'exécution et vu au microscope, il a toujours quelques petites aspérités, ce que vous appelez, je crois, des petits angles; on a donc beau être rond, on a ses petits angles. Hé bien! c'est par ces petits angles-là que l'on aperçoit à travers les trous des manteaux cette toute petite modeste devise, dissimulée sous la doublure : *Nihil à me alienum,* etc., etc...

« Revenons à notre bête, c'est à dire à la *Pomone délivrée,* pseudonime de la meilleure méthode d'arboriculture. — « *Qu'importe sa méthode,* dites-vous, puisqu'elle est exposée *dans un livre mal conçu, mal écrit!* » Qu'elle périsse! Ho! ho! pour un politique moraliste, un ancien legislateur, un législateur en expectative, (car j'espère bien pouvoir vous donner encore ma voix aux prochaines élections, à moins que vous ne vous portiez plus comme le candidat des gens naïfs), il n'y aurait de bons livres et utiles que les livres bien écrits!!! Mais vous n'y songez donc pas, mais le livre de Machiavel, mais les contes de La Fontaine, mais, etc., etc., sont, dit-on, quintessenciés sous ce rapport, tandis que je ne sache pas que la *Cuisinière bourgeoise* ait été couronnée par l'Académie française!... Qu'elle périsse, dites-vous (la *Pomone delivrée*), « *Assez d'autres... apprendront à faire de bons livres bien conçus, bien écrits!* » — (Je l'espère bien, puisqu'il y a une école pour cela maintenant). — Et puis, entonnez-vous joyeusement, « *les arbres fleuriront bien sans elle!* » Oh! ceci, c'est encore plus vrai, cher monsieur, mais ils ne fleuriront et ne fructifieront *très bien* et n'orneront les jardins en perfection qu'à la condition d'être conduits selon les principes qu'elle enseigne (elle, la nouvelle méthode). Et malgré ma modeste condition, et je ne veux *rien faire* pour en sortir, mais j'espère bien pouvoir la conserver, malgré cinquante-deux années accumulées sur ma tête, hélas! et enfin, malgré *mes malheurs*, hélas! hélas! puisque vous voulez absolument que j'en aie. je prends la hardiesse d'avancer que s'il est bien possible qu'avant peu on ne puisse plus rencontrer la *Pomone oubliée*, ailleurs que dans la boutique de l'épicier, en compagnie d'autres *études* plus sérieuses, dans cent ans on trouvera encore dans les jardins de vos petits neveux des *cordons en éclair*, des colonnes *circoïdes et des palmettes* Renée Veyrel-Logérias *à branches ondulées*. Voilà de quoi me consoler, Dieu merci. Autrement il ne me resterait plus qu'à aller faire ma petite cour au petit *claremont* de Villechaise, pour y attendre la vacance d'une sinécure, ou bien de me faire sauter la cervelle en m'écriant :

Laborieux novateurs, francs amateurs du *mieux*,
Croyant à la justice, en tous temps, en tous lieux,
Qui séduits par l'appât d'une gloire frivole,
Présentez vos produits dans l'espoir qui s'envole
De recevoir des mains de vos juges gantés,
    Pour prix de vos travaux,
    Des lauriers mérités,
    Comme à l'enfer de Dante,
    Sur la porte béante
    Lisez ces quelques mots :
« Hors nous et nos amis, que personne n'y touche! »
Je vous dédie à tous la fleur d'un gobe-mouche!...

« Heureusement, il n'en sera pas ainsi. Hé quoi ! ne reconnaissez-vous donc pas l'estampille divine des décrets du destin dans ce fait : Pendant quarante ans, un homme complétement étranger ou indifférent à une idée, tout à coup, laisse tout pour se livrer à elle, parce qu'il a cru entrevoir en elle un des étroits pertuis par où Dieu laisse parfois apercevoir une partie de sa face, c'est à dire par où une vérité se fait jour, par où un progrès s'accomplit, si petit qu'il soit. Cet homme, d'oisif, se fait travailleur; une vérité est là, il l'a vue, il faut qu'il l'atteigne; de médecin il se fait laboureur, charpentier, forgeron, pour asseoir la vérité qu'il aime sur son double socle de granit : la logique et l'expérience....

« Puis, de sa main blanche autrefois, mais noire, rude et calleuse aujourd'hui, comme celle d'un travailleur qu'il est, il saisit une plume : de laboureur, il se fait poète et se condamne, lui qui depuis trente ans n'a pas parlé tout un jour autrement que patois, il se condamne à écrire quelques centaines de pages pour chanter sa découverte et la montrer aux autres!... Et vous voulez, parce qu'il a chanté faux, qu'il suffise de quelques sifflets et de quelques mots loustics pour faire chûter sa découverte, pour que le progrès conquis par tant de labeur rentre à néant ; et vous voulez ensuite qu'il suffise à son auteur de quelques phrases banales, empruntées au vocabulaire des beaux parleurs, pour le consoler! Non pas, non pas! l'inflexible destin a voulu que chaque progrès qui s'affirme coûtât un sacrifice, souvent une larme, à celui qui lui apporte sa pierre ; c'est sa loi. De même qu'il faut qu'une mère succombe en mettant au monde un enfant trop fortement conçu pour sa constitution trop débile, à elle ; mais l'enfant est fortement viable, il vivra. Qu'importe à ceux de l'avenir que le gland périsse, quand le chêne a pris racine! il fera souche : de même je serai meurtri à la tâche, je le sais, mais l'on fera toujours des arbres selon les principes de la méthode nouvelle, je le jure !

« A vous de bons souvenirs.

Dr G. VEYRET.

« *P.-S.* — Excusez l'incohérence de ma lettre. Je suis l'*homme de la nature, sauvage, rond, rude, beau, anguleux, sans apprêt.* Je ne puis écrire comme ceux qui en font leur métier, ne prenant la plume que tous les cinquante ans, un jour qu'il pleut, que la terre est trop fraîche et le guéret mauvais. Cela me vient comme la toux aux chats, tchif, tchif, *tout d'un jet,* et puis, plus rien.

Aussi, auriez-vous beau m'agacer, puisque l'on ne peut causer avec vous que par la poésie d'huissier, j'y renonce ; ça coûte trop cher. Je ne puis pas aller tous les jours à Corinthe, mes moyens ne le permettent pas. C'est assez pour la simplesse de ma bourse de l'avoir fait une fois ; d'ailleurs, à quoi bon ?

« Soyons clair : j'ai fait une découverte, bien petite, c'est vrai ; j'ai voulu la montrer aux autres ; parce que je ne parle pas très bien français, ce dont je ne me suis guère préoccupé, vous me donnez sur les doigts. C'est bien fait ! il fallait la garder pour moi au lieu de sacrifier à sa propagande quelques milliers de francs ! »

Ma lettre finissait ici. J'ajoute maintenant : c'est bien là ce que vous avez voulu dire, n'est-ce pas ? c'est bien là votre conclusion ? conclusion bien logique et bien libérale pour un homme qui se drape sans cesse dans le manteau du libéralisme et du progrès !... De sorte que (excusez-moi de mêler *magna parvis*) si les Képler, si les Franklin. les Jenner, les Cuvier, les Maury, les Dombasle, les Kane, les Raspail, les Ville, etc., etc., n'avaient pas été autant lettrés distingués que savants illustres. voués au culte de l'utile et amis de l'humanité, vous leur auriez dit : « Que venez-vous nous parler de découvertes et de progrès !... eh ! braves gens, passez votre chemin, et apprenez d'abord à faire des livres *bien conçus, bien écrits !* » Voilà pourtant où l'on en arrive quand on veut rapporter tout à soi et tout faire tourner à sa gloire, même au prix d'une vérité foulée aux pieds, et des labeurs d'un homme consciencieux sacrifiés ! J'attendais bien cela d'autres, et je renvoie, pour preuve, à la page 49 de la *Pomone délivrée,* où je disais : « On lui mesurera (à ma découverte) les tracasseries aux petites proportions de son importance..... on cherchera à m'humilier !..... etc., etc. (1). » J'attendais cela d'autres, mais je ne l'attendais pas de vous. — Eh ! quoi ! direz-vous, lorsque je trouve votre littérature détestable, pouvais-je donc lui donner de l'encensoir ? — Il ne fallait pas en parler, et cela par trois raisons : la première, celle qui dispense des deux autres, *celle des gens d'honneur,* c'est que vous ne le *deviez pas,* vous en aviez pris l'engagement ; la seconde, celle qui dispense de la première et de la troisième, *celle des bonnes natures,* c'est que, quand on n'y est pas forcé, on ne présente pas ses *amis* (ceux qu'on aime ou qui nous aiment). on ne les présente pas au public quand on n'a pas de bien à en

---

(1) Ne dirait-on pas que cela vient d'être écrit après coup ?

dire, tout exprès pour faire remarquer qu'ils sont *borgnes, bossus* ou *boiteux;* la troisième, qui dispense des deux premières, *celle des esprits droits et des grands caractères,* c'est celle que je vous ai déjà développée dans le cours de ma réponse, en disant : qu'il n'était ni courtois, ni d'une critique élevée, ni loyal, d'affecter d'apprécier une œuvre, de principes avant tout, par la forme de son exposition. — « Mais je faisais le recensement du mouvement intellectuel de la Charente, direz-vous: le fond de votre livre, non pas, mais la forme de sa littérature était de mon objet. » — A cette objection, ma première raison répond, et de reste, et la seconde aussi, et la troisième aussi, et toutes les trois encore davantage. Et à votre point de vue même, sur ce chapitre même, vous êtes fautif; votre recensement est absolument incomplet et inexact, et révèle et confirme votre habitude de peser les choses par le faible, et de prendre le mérite par la queue. Vous ne parlez ni des Dubois, ni des Alberic Second, ni des Edmond Texier, ni des Athénaïs Mourier, ni même du professeur Bouillaud, et de tant d'autres, qui tous valaient bien la peine qu'on les nomme.

— « Voilà bien de l'ire, me direz-vous, et bien des paroles, parce que vous n'êtes pas écrivain de haute taille et que je me suis permis de le dire! Mais si j'ai ri de votre littérature, j'ai fait l'éloge de vos vertus et pleuré sur vos malheurs! » — Ah! c'est vrai! ne dirait-on pas, en effet, à vous entendre, Dieu me pardonne, que j'ai cent ans; que j'ai les glorieuses infortunes de Bélisaire, et d'autres encore, peut-être, qui sait? Eh! mais, j'y songe! étourdi! c'est parce que vous m'avez *écrasé* que vous me trouvez si malheureux; parce que « *les arbres fleuriront bien sans elle! (la Pomone)*, moi qui ne voulais pas! saprelotte!..... Trêve de raillerie!... j'ai eu sans doute, comme d'autres, mes épreuves; j'ai perdu bien des êtres qui m'étaient chers: j'ai éprouvé bien des déceptions, j'ai été dupe de bien de roués; j'ai senti tomber bien des illusions, j'ai vu impunis bien des coquins; j'ai ces peines communes avec bien des grands cœurs, et sans doute il m'en est réservé d'autres; mais quand l'on voit autour de soi ceux à qui l'on est cher et que l'on aime, en santé, dans la bonne voie et satisfaits; qu'on a ces biens-là en estime, conscience de son *infimité* des goûts conformes à sa condition et foi en la Providence, on peut encore bénir Dieu.

L'huissier à qui je m'étais adressé crut devoir prendre sur lui de faire d'abord une démarche officieuse auprès de la direction de la *Gironde,* et le 13, il m'en avisait en me disant qu'on avait refusé d'insérer ma lettre, sous prétexte qu'*ayant écrit un livre, je tombais sous la main de la critique sans avoir droit à l'insertion d'une réponse.*

Cette fois ce n'était plus parce que ma lettre était trop longue.

Je répondis à l'huissier que l'article de M. Babaud, sur 54 lignes qu'il contenait, en consacrait 30 à ne s'occuper que de ma personne, de ma position, de ma vie privée et publique, et à faire une revue rétrospective de mes opinions politiques (non pas que je les renie, Dieu merci, tant s'en faut; je ne suis pas de ceux-là! (1) mais il ne me plaît pas d'être ni plaint ni élogié); que mon livre appartenait à la critique et ma personne non, et d'avoir à agir en conséquence et sans délai. Le 23, je recevais avis que la sommation légale avait été faite et que ces messieurs avaient déclaré ne vouloir faire aucune réponse de ce interpellés, mais qu'ils n'inséreraient probablement pas, et qu'ils attendaient un procès.

Ainsi, trois démarches successives, trois refus, trois réponses différentes.

La première fois : « La lettre est trop longue. »

La seconde (la même raison ne peut être invoquée, j'offre de payer) : « Je n'ai pas droit à l'insertion d'une réponse, il s'agit de la critique d'un livre. »

Mais à ce titre-là, qui pourrait se croire à l'abri du lousticisme, sinon de l'injure, du premier écrivassier venu, et être assuré de ne pas voir sa personne, sa vie intime ou publique traînée sur la claie d'une colonne de journal, sous le prétexte qu'il a écrit un livre (et qui n'a pas écrit quelques lignes), et

---

(1) Je ne suis pas de ceux-là, dont une bouche, gracieuse jadis, dit-on, a pu dire naguère : Eh! votre lion démocrate, il se laisse assez bien rogner les griffes et la crinière; ce n'est déjà plus qu'un lionceau, et nous ne désespérons pas d'en faire un caniche.

cela sans qu'il ait le droit de répliquer!... Et que devient alors l'art. 11 du t. 1. de la loi du 25 mars 1822, protecteur du respect à la personne? Mais le dernier avorton de la plume, et nous tout le premier, qu'on nous donne une demi feuille de papier, et nous nous chargeons (*les Études administratives*, *les Lettres Charentaises et* le journal *la Gironde* à la main) de rouler M. Babaud dans la poussière, et de MM. Lavertujon et Gounouilhou de faire encore pis.

La troisième fois, la réponse, c'est : « Qu'on n'en veut pas faire » et de donner à entendre que l'on veut un procès! « C'est une question de principes, nous voulons que la chose soit décidée par les tribunaux. » — Mais elle l'est, messieurs! Mais l'affaire Raspail fils, mais l'affaire, etc., etc., mais l'art. 11 sont là!

Pas de biais!... Vous ne trouviez point ma lettre trop longue, vous n'ignoriez point que la faculté de critiquer un livre sans le droit de répliquer, ne comprend point celle d'y englober l'auteur. Il n'y a ni ceci ni cela de vrai dans toutes vos allégations. Ce qu'il y a, c'est un chef de *triumvirs* qui lance des arrêts de mort sous forme de lettres ou d'avertissements que le triumvirat contresigne, et qui ne *veut* pas être discuté! Ce qu'il y a, vous l'avez laissé échapper sous forme de post-scriptum dans votre première réponse : « *Quelques mots tout bienveillants.* » — Ce qu'il y a, j'aurais dû baiser la poussière où *il* pose les pieds! — « *On a daigné!* » et moi, indigne, j'ai murmuré. Ce qu'il y a, audacieux que je suis! *le Dieu* a parlé, et j'ai osé regarder le Dieu en face et lui dire : Qui êtes-vous? je ne vous connais pas; les dieux sont équitables, parce qu'ils sont sans besoin d'artifice, et vous ne l'êtes pas; les dieux sont indulgents, parce qu'ils sont infaillibles, et vous ne l'êtes pas!... et tout l'Olympe s'est soulevé!... Ils ne céderont qu'à la force! (les triumvirs olympiens).

De quoi s'agissait-il, pourtant? D'une chose bien simple : de replacer dans son état *vrai* la question, avec intention mal engagée au sujet d'un petit livre qui peut-être n'en vaut pas la peine ; c'est égal, *ils* ne céderont qu'à la force, pour permettre à l'auteur d'une découverte (bien petite, c'est vrai, mais valable à ses yeux), dédaigneusement traitée chez eux, les droits de la défendre. Tous les jours ils se poseront en martyrs de la liberté de discussion absente ; mais ils se réfugieront derrière les anfractuosités d'une loi qu'ils proclament mauvaise, pour se soustraire à une obligation, tout au moins d'honneur et de courtoisie, quand même le droit ne parlerait pas. Qu'importe qu'une chose nouvelle, un progrès, une vérité peut-être, railleusement outragée avec leur concours, soit là, à leur porte, qui demande à être entendue !... Ah ! bast ! ils s'en soucient bien ! ils ont quelques bribes du monopole (le journal est un monopole, puisque tout le monde ne peut pas en avoir), ils s'en serviront pour refuser de l'entendre, peut-être même pour mal parler d'elle sans la connaître, pour la punir de les avoir importunés ! C'est olympien, peut-être, cavalier sans doute, mais est-ce chevaleresque ?... Et ce monde-là se pavane sous les plis du manteau du libéralisme et du progrès, aux couleurs sophistiquées, il est vrai !

Oh ! perruquier farceur, qui avais écrit au-dessus de ta boutique :

> Ici, demain,
> On rase pour rien.

Tu as donc cédé ton enseigne ?

Dr G. VEYRET,
Auteur de la Pomone Délivrée.

Montembœuf, 1866.

Angoulême. — Imp. de la Charente Quélin frères, rue du Minage, 20.

NE TAILLEZ PAS VOS ARBRES

CONDUISEZ-LES !

ou

LA POMONE DÉLIVRÉE

MÉTHODE NOUVELLE

D'ARBORICULTURE FRUITIÈRE-ORNEMENTALE

Par M. le Dʳ G. VEYRET

Se trouve chez les Libraires du département. S'adresser également
à l'Auteur et à l'Imprimerie de la Charente QUÉLIN frères.
rue du Minage. 20. à Angoulême